D1728261

Marion und Werner Küstenmacher

Frei für eine neue Freundschaft

Ratgeber Lebenshilfe

Marion und Werner Küstenmacher

Frei für eine neue Freundschaft

Bildnachweis:
Umschlag: links: C. Palma; rechts oben: G. Hettler; rechts
unten: L. Lenz
Innenbilder: S. 5, 16, 17, 29, 41, 45 oben: C. Palma;
S. 13: P. Santor; S. 21: Bildagentur Dr. Wagner;
S. 25: H. Herfort; S. 32: M. Mehlig; S. 33: Müller/Geduldig;
S. 37: M. Ruckszio; S. 41: unten: G. Gölz; S. 44:
R. Maier/IFA-Bilderteam

Die Deutsche Bibliothek – CIP-Einheitsaufnahme

Küstenmacher, Marion : Frei für eine neue Freundschaft /
Marion und Werner Küstenmacher. – Lahr : skv-Ed., 1997
   Ratgeber Lebenshilfe ; 94403
   ISBN 3-8256-4403-0
NE: GT

Ratgeber Lebenshilfe 94 403
© 1997 by SKV-EDITION, 77922 Lahr
Gesamtherstellung:
St.-Johannis-Druckerei, 77922 Lahr
Printed in Germany   5266/1997

*Es war eine wunderbare Freundschaft. Vielleicht
sogar Liebe – oder irgend etwas dazwischen.
Doch nun ist sie zerbrochen. Das tut weh. Die
Autoren zeigen, wie aus diesem Schmerz eine
der wertvollsten und hilfreichsten Erfahrungen
in Ihrem Leben werden kann.*

EINLEITUNG

> Der Mensch hat nichts so eigen,
> so wohl steht ihm nichts an,
> als daß er Treu´ erzeigen
> und Freundschaft halten kann …
> («Lied von der Freundschaft»
> von Simon Dach)

Freundschaft ist etwas sehr Intimes. Wir haben die Erfahrung gemacht, daß es sich im »du« besser über Intimes reden läßt. Deshalb wollen wir dich, liebe Leserin und lieber Leser, in diesem Büchlein mit »du« anreden und dich bitten, daß du dich auf unserem gemeinsamen Weg darauf einläßt.

Wir haben für diesen Weg nicht das Wort »Liebe«, sondern »Freundschaft« gewählt, weil es mehr Raum läßt. Mit Freundschaft ist dabei nicht »der gute Kumpel« gemeint, sondern die tiefe, wertvolle Vertrautheit zwischen zwei Menschen, die langsam wächst, aber ein Leben lang dauern kann. Eine Vertrautheit, die auch sexuelle Anteile haben kann, aber nicht haben muß. Es gibt Beziehungen, die sind irgendwo zwischen Freundschaft und Liebe angesiedelt. Gemeinsam ist ihnen allen, daß es sehr weh tut, wenn sie zu Ende gehen.

Wenn eine Freundschaft zerbricht, sucht man Hilfe. Deswegen hast auch du dieses Büchlein in die Hand genommen. Wir wollen dir helfen, daß aus deiner schmerzvollen Erfahrung eine der wichtigsten Erfahrungen deines Lebens wird. Der Weg ist nicht leicht. Aber viele vor dir sind ihn schon gegangen, und für alle hat er sich gelohnt.

Marion und Werner Küstenmacher

SCHMERZ

Die Trauer nach einem Abschied, einer Trennung oder einer Scheidung ist ein natürlicher, chemisch im Körper gesteuerter Prozeß. Er läßt dich Abstand halten, damit du in Ruhe schmerzliche Erfahrungen verarbeiten kannst. Früher war es üblich, ein volles Jahr zu trauern. Das entspricht ziemlich genau deiner inneren biologischen Traueruhr. In einem klug gesteuerten Ablauf ermöglicht sie dir, zuerst der Trauer nachzugeben: Du mußt den Schmerz nicht verdrängen, brauchst ihn aber auch nicht länger als dieses eine Jahr festzuhalten.

Die Zeiger deiner Traueruhr zeigen am Anfang auf Rückzug. Du wendest dich nach innen, bist von der Gesellschaft mit anderen schnell genervt. Du hast das Bedürfnis nach Ruhe und Alleinsein. Deine aktive Seite liegt lahm, nichts scheint dir Freude zu machen.

Das ist gut zu verstehen. Du hast genug gekämpft, nun ist die Schlacht vorbei. Ganz gleich, wer gewonnen oder wer verloren hat. Ganz gleich, ob sie laut und gewaltig war oder unheimlich und leise: Eine Trennung tut immer weh. Ruhe dich aus. Keine Sorge, du mußt nicht ein ganzes Trauerjahr lang ausruhen. Aber du mußt wissen, was jetzt für dich dran ist. Vielleicht ahnst du schon: Was nach dem Kampf zart am Horizont dämmert, ist der Friede.

GEGENWART

Du hast zurückgeschaut, und das war gut so. Du wirst fragen: Soll mein Blick nun wieder in die Zukunft gehen? Nein. Was du als nächstes sehen sollst, ist nichts als die Gegenwart. Der Tag, die Stunde, ja, der Augenblick, den du gerade erlebst. Nichts weiter. Betrachte den Ort, an dem du gerade bist. Fühle die Temperatur und die Stimmung des Raumes. Das Licht oder die Dunkelheit, die gerade herrscht. Höre dein Herz schlagen, spüre deinen Brustkorb, der sich im Rhythmus deines Atems hebt und senkt.

Das klingt einfach, fast ein bißchen banal. Aber es ist eine der wichtigsten Übungen für das Leben: das Leben erfahren. Anerkennen, was ist.

Bei allem, was war – das Leben hat dich bis hierher getragen. Das genügt. Das ist der Anfang der Dankbarkeit. Du bist da. So wie ein Stern da ist oder ein Baum. Vergangenheit und Zukunft sind weit weg, es zählt allein das Hier und Jetzt.

Mach eine ehrliche Bestandsaufnahme, geh weg von allen Illusionen. Laß das Hinterherträumen, beende all die endlosen Schleifen mit »hätte ich doch, wäre ich doch lieber, ich könnte aber…« Du bist hier. Und das ist viel.

ALLEIN SEIN

Allein sein ist eine großartige schöpferische Quelle. Das Zusammenleben mit jemand anderem hat diese Quelle manchmal regelrecht verschüttet. Am Ende deiner Beziehung hast du vielleicht mit vielen anderen gesprochen, hast noch einmal richtig in Beziehungen gebadet. Aber jetzt ist die Zeit des Alleinseins gekommen. Zeit, den verschütteten Brunnen freizulegen. Du wirst staunen, wie leicht das geht. Indem du dieses Buch liest, hast du damit schon begonnen.

Auch sonst bist du bei den verschiedensten Gelegenheiten allein: im Auto, beim Spazierengehen, im Garten, beim Bügeln, beim Joggen oder sonstwo. Jeder Mensch braucht das – nicht nur als Phase der Erholung, als Ausgleich vom Zusammensein, sondern auch als Erfahrung der eigenen Tiefe und der eigenen Fähigkeiten. Nimm dir vor, solche natürlichen Phasen des Alleinseins bewußt zu erleben. Laß das Autoradio ausgeschaltet. Nimm keinen Walkman mit. Heute abend keinen Fernseher. Es gibt viele Möglichkeiten, das Alleinsein zu übertönen. Aber deine Seele nimmt Schaden, wenn du ihr Bedürfnis nach innerer Stille jetzt nicht achtest.

Du wirst – nach einer Phase der Gewöhnung – Übung darin bekommen, »mit dir etwas anzufangen«. Das ist nichts anderes als die Erfahrung, daß du selber etwas wert bist. Daß du keine anderen Menschen dazu brauchst, keine fremden Geschichten, keine Nachrichten und keine Stimmungsmusik. Gerne allein zu sein – das zeigt dir, wie wertvoll du bist.

Das eigene Alleinsein annehmen heißt auch: dich selbst aushalten. Dich wichtig nehmen, unabhängig davon, wie andere dich sehen. Das Wissen, wie es tief in dir wirklich ausschaut. Das Wissen, wer du selbst bist. Der Dichter Rainer Maria Rilke hat das einmal so ausgedrückt: »Ich lerne sehen. Ich weiß nicht, woran es liegt, es geht alles tiefer in mich ein und bleibt nicht an der Stelle stehen, wo es sonst immer zu Ende war. Ich habe ein Inneres, von dem ich nicht wußte. Alles geht jetzt dort hin.« Dort hin geht auch der suchende Blick anderer Menschen, denn nach nichts sehnen wir uns mehr, als daß wir in einer Freundschaft oder Liebesbeziehung auf ein solches »Innen« stoßen, dessen Tiefe sich uns offenbart und anrührt.

In deiner Fähigkeit, allein sein zu können, wird sichtbar, wieviel Freiheit und Selbstannahme du hast. Das sind zwei wichtige Fähigkeiten, die du brauchst, um eine Beziehung gelingen zu lassen. Wenn du nicht gerne mit dir alleine bist – wie kannst du da erwarten, daß ein anderer gerne mit dir alleine ist? Wenn du dich nicht liebevoll um dich selbst bemühen kannst, um deinen Charakter, deine Fähigkeiten, auch deine Blockaden – wie kannst du glauben, all das plötzlich in einer Freundschaft zu können?

ANGST

Beziehungen sind riskant. Aber Angst und Mißtrauen sind keine gute Basis für eine Freundschaft. Obwohl du dich nach Beziehung sehnst, nach der Geborgenheit in der Nähe eines vertrauten Menschen, hast du manchmal Angst, dich selbst auf diese Nähe einzulassen. Du bleibst vorsichtig und investierst dein Vertrauen nur halbherzig. Angst sucht immer nach Sicherheit.

Erwarte nicht, daß ein anderer deine Angst auflöst. Erwarte nicht, daß du völlige Sicherheit in einer Freundschaft haben kannst, ohne daß du sie ihrer Freiheit beraubst. Die größte Sicherheit bietet der Hochsicherheitstrakt in einem Gefängnis. Jede lebendige Beziehung dagegen stellt ein Risiko dar. Jede Beziehung kann dich herausfordern, irritieren, verletzen, anstrengen, belasten und etwas kosten. Sie kann dich aber auch beflügeln, dir Glück schenken und dich unendlich bereichern.

Du kennst den Ausgang nicht. Aber wenn du dich von deiner Angst bestimmen läßt, wirst du nicht einmal den Anfang erleben. Ängstliche Menschen lehnen es ab, zuversichtlich zu sein. Sie bleiben anderen gegenüber mißtrauisch und vorsichtig, weil sie sich selbst nicht sicher sind.

Das Heilmittel dagegen heißt: Mißtraue deinem eigenen Mißtrauen. Verwerfe deine Vorsicht nicht leichtfertig, aber laß dich auch nicht von deiner Angst abhalten, eine Freundschaft einzugehen. Setze deiner Angst eine Grenze: Angst kann da nicht sein, wo du Vertrauen wagst. Und gib deiner Angst ein gutes Ziel: Als Achtsamkeit kann sie dir ein behutsamer Freund sein, der wachsam ist für die Beziehung und den anderen nicht verletzt.

BEGRENZUNG

Freundschaft, Beziehung, Partnerschaft lebt davon, daß jeder in der Beziehung er selbst sein darf. Du bringst eine Geschichte mit, aber du bist versöhnt mit ihr. Du brauchst dich nicht größer oder besser zu machen als du bist. Du darfst dich ohne Maske zeigen. Du mußt keine hohen Erwartungen erfüllen. Du brauchst dich nicht zu etwas zwingen, aber du darfst dich herausfordern lassen. Du darfst ein gewisses Maß an Ecken und Kanten und an Begrenztheiten haben – der oder die andere aber auch!
Zufriedenheit, Freude und Glück in einer Beziehung sind nicht zu haben ohne ein gewisses Maß an Begrenztheit. Reife, dauerhafte und tragfähige Freundschaften haben Menschen, die kein hundertprozentiges, vollkommenes Glück erwarten, sondern sich am relativ vollständigen Glück erfreuen können. Die sich mit einer gewissen

Nüchternheit oder einem guten Schuß Humor selbst relativieren können. Die nicht nur auf die Schwächen des Partners starren, sondern auch die eigenen Schwächen im Blick haben. Solche Menschen sind auch innerhalb einer festen Beziehung frei, weil ihr Blick frei bleibt, bei allen Schwächen auch die Stärken zu sehen.

ABSTAND

Beziehung, Freundschaft und Liebe leben vom unermüdlichen Wechselspiel zwischen Nähe und Abstand, zwischen Offenheit und Zurück-

haltung, Vertrautem und Geheimnisvollem. Ein weises Wort aus der islamischen Mystik lautet: »Liebe ist der Einklang mit dem Geliebten in Anwesenheit und Abwesenheit«.

Am Anfang jeder Beziehung sucht man die Nähe des anderen. Man möchte am liebsten mit ihm verschmelzen. Das ist auch der Urwunsch der Sexualität. Im weiteren Verlauf des Lebens aber braucht jeder die Fähigkeit, sich für kürzere oder längere Zeit vom Geliebten zu trennen.

Für die alten Griechen war die Freundschaft zwischen zwei Menschen ein sehr hoher Wert. Sie bezeichneten Freundschaft als eine Gleichheit, die aus harmonischer Übereinstimmung entsteht. Harmonie entsteht nach der Lehre der alten Grie-

chen aber nicht, wenn zwei Menschen sich gleichen. Zwei vollkommen gleiche Töne sind einfach eine Verdopplung, noch kein Klang, keine Musik, keine Harmonie. Erst wenn Gegensätze auf einer dritten Ebene zur Einheit gelangen, dann entsteht etwas Neues, Spannendes, Wohltuendes – eben die Harmonie.

In einer Freundschaft sucht man gemeinsam nach der dritten Ebene, in der jeder ganz er selbst ist und der andere diesem Anderssein zustimmen kann. »Die beiden Freunde willigen völlig darin ein, daß sie zwei und nicht einer sind; sie achten den Abstand, der zwischen ihnen gesetzt ist, weil sie zwei unterschiedliche Geschöpfe sind.« So sagte es die französische Dichterin Simone Weil. Du hast das schmerzhaft erfahren müssen. Denn der andere Mensch ist jetzt wirklich ein ganz anderer. Der Abstand zwischen euch ist riesengroß geworden, von Harmonie ist keine Spur. Das hat eine Wunde in dir hinterlassen, die Wunde des Andersseins. Es ist eine Wunde von der Art, die du mit Stolz tragen darfst. Sie hat dich stärker gemacht.

Wenn du dazu ja sagen kannst, hast du die Fähigkeit entwickelt, dich auch in Zukunft auf Fremdes einzulassen und dich dem Unbekannten zu stellen. »Glücklich, wer folgenden Gedanken versteht und lebt: Wenn du nicht mit mir einverstanden bist, machst du mich reich.« (Dom Helder Camara)

HILFE

Wir haben dir geraten, das Alleinsein bewußt zu erleben und auch zu genießen. Nach einiger Zeit wirst du in dir aber auch eine Stimme hören, die sagt: Es reicht. Höre auf diese Stimme und begib dich wieder unter Menschen. Du darfst wieder aus deinem Schneckenhaus. Es hat sich bereits viel in dir verändert. Jeder, der sich etwas näher mit dir befaßt, wird das merken.

Suche dir die Menschen aus, mit denen du Kontakt hast. Suche dir einen, dem du vertrauen kannst. Oft wirst du ihn mit seltsam anderen Augen sehen, denn du hast dich ja bereits verändert. Sei nicht zu sparsam mit dir. Erzähle, was wirklich in dir vorgeht. Das wird dich davor bewahren, daß du zu dir selber sagst: Keiner versteht mich. So ein Satz höhlt dich von innen aus. Er mauert dich in ein Gefängnis aus eigenen Sorgen, Anklagen, Vorwürfen und Selbstmitleid ein.

Nein, es gibt immer jemand, der dich versteht oder verstehen möchte. Und der sich dafür Zeit nimmt. Es kann nur manchmal ziemlich lange dauern. Aber in deiner Zeit des Alleinseins hast du Geduld gelernt.

SCHULD

Wer trägt nach einer Trennung die Schuld? Es ist heute fast ein Tabu, darüber zu sprechen. Aber es ist trotzdem eine Frage, die dich nicht losläßt. Es ist keine Kunst, anderen die Schuld zu geben. Schuld auf sich zu nehmen ist dagegen ausgesprochen unangenehm. Es gibt hunderttausend Möglichkeiten, um sie irgendwohin abzuwälzen: Da ist meine Erziehung dran schuld, mein strenger Vater, die Schule, die Politik, die Umwelt, die Umweltzerstörung, die Strukturen, das System, die Tradition, die Gene, die Technik, was auch immer. Alles wird immer komplizierter, immer mehr mögliche Schuldige lassen sich finden, aber du selber wirst dabei immer weniger wert.

Wir möchten dich einladen, das zu ändern. Schreibe das Wort »Schuld« heute einmal klein, indem du sagst: »Ich bin auch selber schuld.« Denn nur dann kannst du sagen: »Ich fange bei mir selber an«. Vorher ist keine wirkliche Aktivität möglich. Der Blick auf die vielen anderen Schuldigen blockiert dich und deine Möglichkeiten.

Das Wichtige an der Schuld ist nicht, daß sie groß ist und erdrückend, mächtig und schwer. Sondern daß du zu ihr stehst. Daß du sagst: Ja, das ist meine. Der andere hat auch welche, aber bei meiner eigenen fange ich heute an.

HEILUNG

Viele Menschen ziehen es vor, ein bestimmtes Bild von sich zu pflegen, wenn es um sie selbst geht. Keines aus der Wirklichkeit, sondern eins aus ihrer Phantasie. Solche phantasierten Selbstbilder leben davon, daß sie einseitig und extrem sind: Ich bin dumm und er war klug, ich bin sparsam und sie war verschwenderisch, ich bin sanft und er war grob, ich bin ehrlich und sie war verlogen …

Das Denken in solchen starren Bildern ähnelt einer Fotografie. Unerbittlich hat die Kamera einen Augenblick festgehalten. Veränderung ist auf einem Foto nicht möglich. Solche Selbstbilder sagen: »Ich bin eben so. Punkt. Nichts zu machen.« Damit sitzt du fest in der Falle deines selbstgezimmerten Selbstbildes – doch die Wirklichkeit sieht längst ganz anders aus. Du hast dich seit der Trennung bereits geändert, vermutlich stärker als je zuvor. Auf dem seelischen Schnappschuß von gestern aber hat die Realität keinen Platz.

Nichts ist lebloser und liebloser als die Vorstellung vom unveränderbaren Charakter eines Menschen. Eine Vorstellung, die Freundschaft und Beziehung blockiert oder gar zerstört. »Da kann man nichts machen. Daran ist eben nichts zu ändern.« – Das sind Sätze, die dein Leben blockieren können, weil sie dir die Offenheit für Neues nehmen. Der Reichtum deiner Möglichkeiten wäre damit verloren.

Es gibt unheilbare Krankheiten – sagen die anderen. Es gab einen unheilbar Blinden, der hat sich an die Straße gesetzt und gewartet. Eines Tages kam einer, zu dem rief er: Heile mich! Und er wurde sehend. Es war eben ein Wundertäter, wirst du sagen, Jesus aus Nazareth. Aber Jesus hat nur geheilt, wenn Menschen ihn darum gebeten haben. Er hat in das Herz der Menschen geschaut und geprüft: Will der überhaupt einen neuen Anfang? Glaubt der überhaupt an Veränderung? Deswegen hat er zu den Geheilten manchmal gesagt: Dein Glaube hat dir geholfen.

Hängst du noch an dem, was war? Oder bist du mit ganzem Herzen bereit für etwas Neues? Dann bist du frei für eine neue Freundschaft.

GUTE GEDANKEN

Wenn zwei Freunde oder Liebende sich für eine Weile trennen müssen, so ist es bis heute üblich, dem anderen ein Andenken zu schenken. Andenken üben heißt, einen Gute-Gedanken-Innenraum für andere Menschen einrichten: Ich bin dankbar für deine... Ich denke mit Freude an dich, weil... Dir verdanke ich... Ich beschenke dich mit guten Gedanken und Wünschen und nehme dich so an mein Herz.

Wenn zwei Freunde oder Liebende sich für immer trennen, sollten sie sich auch ein Andenken schenken. Das kann ein Gegenstand sein. Oft ist es eine Erinnerung, ein ganz bestimmter Abend, an einem ganz bestimmten Ort. Du erinnerst dich noch gut an alles. Wirf es nicht fort. Behalte den Gegenstand oder die Erinnerung in deinem Herzen. Trotz allem Unschönen und Unangenehmen, was vielleicht danach kam. Laß dir dein Andenken nicht vergiften. Indem du deinen guten Gedanken und Erinnerungen Raum gibst, wächst du selbst.

»Jemand lieben heißt, als einziger ein für die anderen unsichtbares Wunder sehen.« (François Mauriac)

SEHEN

Erinnerst du dich noch an die Zeit der ersten Begegnung, vielleicht der ersten Liebe? Weißt du noch, wie sich in dieser Zeit dein Blick auf die Welt verändert hat? Das war die Kraft der guten Gedanken, die das sehen konnten, was anderen verborgen war.

Diese Kraft wird mit der Zeit schwächer, aber sie geht nie ganz verloren. Du kannst sie, wie alle Kräfte, durch Übung trainieren. Nimm dir vor, die Menschen mit einem positiven Vorurteil zu sehen, wenn du heute aus dem Haus gehst. Heute

sollst du deine Fähigkeit erproben, hinter die oft unfreundlichen oder unsympathischen Gesichter der Leute um dich herum zu schauen. Ärger und Zorn über einen Autofahrer, eine Kollegin oder jemand an der Kasse eines Geschäfts kommen von selber. Ärger und Zorn sind keine Kunst.

Trainiere die Kunst deiner Phantasie, Erklärungen für schlechte Erfahrungen zu finden. Vielleicht ist der Autofahrer so gestreßt, weil er gestern seinen Arbeitsplatz verloren hat? Die Kollegin hat Streit mit ihrer alten Mutter, traut sich aber nicht, darüber zu sprechen? Die Frau an der Kasse macht sich Sorgen um ihre Kinder, die mit der Schule nicht zurecht kommen?

So ein angestrengt liebevoller Blick ist natürlich nur ein Spiel. Aber es trainiert sozusagen Muskeln deiner Seele, die lange verkümmert waren. So ein gezielter Verzicht auf die kleinen Feindseligkeiten des Alltags macht dich fit für eine neue Freundschaft.

Wie ist deine Meinung zu Menschen anderer Herkunft, mit deutlich höherem oder niedrigerem sozialem Status, mit eindeutig entgegengesetzter Meinung oder anderer politischer Einstellung?

Überall da, wo du ein Stück Anderssein, Fremdes, Entgegengesetztes als ein anderes Stück Wirklichkeit zulassen kannst, machst du dein eigenes Herz weiter und partnerschaftsfähiger. Wer mit einem anderen Menschen eine Beziehung aufbauen und vielleicht sogar in den gemeinsamen vier Wänden leben möchte, braucht einen guten Vorrat an Toleranz und Geduld. Selbst der liebste Mensch kann einmal das Falsche zu dir sagen, dich mißverstehen oder aus irgendeinem Grund in Opposition zu dir gehen. Wenn dir dann als einzige Reaktion nur Gekränktsein einfällt, wirst du damit die augenblickliche Belastung der Beziehung zum Dauerthema machen – auch ohne es zu wollen.

Eine Freundschaft und Beziehung, in der nur das Gleiche, Gewohnte, Gemeinsame ausgedrückt werden darf, stirbt nicht selten den Wärme-Erstickungstod. Viele Paare, die sich unter einer Beziehung nur das engumschlungene romantische Liebespaar vorstellen wollen, wachen irgendwann einmal enttäuscht auf, weil einer der Partner mehr Freiraum und Platz beansprucht. Was wie ein Beziehungsabbruch aussieht, könnte in Wirklichkeit eine wunderbare Chance sein für die Erweiterung der gemeinsamen Beziehung.

AUSSPRECHEN

Wo Gegensätze existieren, aber totgeschwiegen und unterdrückt werden, tritt irgendwann einmal der Kältetod ein. Was ausgesprochen werden muß, sollte so bald wie möglich ausgesprochen werden. Auch das kannst du bereits üben, bevor du eine neue Freundschaft beginnst.

Was ist ein unangenehmes Thema, das du schon

lange vor dir herschiebst? Um welche Menschen machst du schon lange einen Bogen? Welche harte Nuß in deinen Beziehungen sollte endlich mal geknackt werden?

Zugegeben, diese Aufgabe ist schon etwas schwieriger als die guten Gedanken beim Aus-dem-Haus-Gehen. Aber vergiß nicht: Seit der Trennung bist du nicht schwächer, sondern stärker geworden. Und es gibt ein paar gute Regeln, die das Aussprechen auch schwieriger Probleme leichter machen:

Warte nicht zu lange. Sprich es gleich an. Greife den anderen nicht an, sei aber auch nicht übervorsichtig. Versuche, klar und deutlich zu sein. Stell dich darauf ein, daß dich dein Gegenüber nicht sofort versteht. Ihr braucht Zeit, um euch zu verständigen.

Sprich nicht in Allgemeinplätzen, sondern rede von dir selbst, in der Ich-Form. Verallgemeinere nicht (»alle Männer sind so«). Arbeite nicht mit Schuldzuweisungen und Unterstellungen (»du bist immer so …«). Frage dich und den anderen, was zwischen euch gerade möglich ist, anstatt das Unmögliche zu verlangen.

Lerne, ein Nein zu akzeptieren. Versprich nur, was du wirklich geben kannst. Prüfe nach, ob du verstanden hast, was der andere gesagt hat. Bestätige oder verbessere deine Botschaft, bis der andere wirklich zustimmen kann. Sei ehrlich, und halte dich an die gemeinsam vereinbarte Lösung.

GEBEN

Freundschaft fragt nicht danach, was ich vom anderen brauche, sondern danach, was man miteinander teilen kann. Sie begehrt nicht, sie gewährt, und zwar Zeit und Raum, Verstand und Gefühl. Für die Philosophin Simone Weil ist es ein »schweres Vergehen«, Freundschaft zu begehren, weil das dem innersten Wesen der Freundschaft widerspricht. Freundschaft gehört zu den »Ordnungen der Gnade«. Das bedeutet, daß wir sie nur gewähren und verschenken, niemals aber fordern können. Niemand hat ein Recht auf Freundschaft. Aber jeder hat die Möglichkeit, Freundschaft auszudrücken. Freundschaft wächst, wo man sie vollzieht, nicht, wo man von ihr träumt.

Freundschaft ist also Liebe, die über das Begehren hinauswächst. Manchmal sind unsere Freundschaften beständiger als unsere Liebesbeziehungen und damit so etwas wie die ruhenden Punkte im Leben. Langjährige Freundschaften bilden den festen Boden in deinem Leben. Sie haben alle Veränderungen und Wachstumsprozesse überstanden und zeigen zugleich, daß du immer du sein wirst.

VERÄNDERUNGEN

Wenn du das gute Andenken an die vergangene Freundschaft in deinem versöhnten Herzen halten kannst, dann kannst du nun wirklich Altes loslassen. Jetzt kannst du ausmisten, und du darfst das gerne auch ganz wörtlich nehmen. Verändere deine Wohnung, kämme den Kleiderschrank durch, such dir neue Interessen. Lerne etwas Neues. Erfülle dir einen alten Traum – wenn du ihn überhaupt noch findest. Wie viele Träume haben wir anderen zuliebe begraben!

Die meisten Pflanzen werfen im Herbst ihre Blätter ab, manche Tiere häuten sich, andere wechseln die Farbe ihres Fells. Du hast dich innerlich verändert, und die Veränderung deiner Umgebung, deines Aussehens und deines Umgangs mit dir selbst sollen sichtbare Symbole dafür sein.

Solche Veränderungen wirken zwar auch auf andere, der wichtigste Effekt gilt jedoch dir selbst: Die neuen Zeichen wollen einladende Signale sein. Sie sagen: Geh los! Die Ampel ist grün! Mach dich auf den Weg!

REISEN

Es tut gut, Veränderungen wörtlich zu nehmen. Deshalb laden wir dich ein, auch »deinen neuen Weg« zunächst einmal ganz real zu gehen. Mach eine Reise, groß oder klein. Fahre oder gehe an einen Ort, an dem du noch nie warst. Das kann ein Wald sein, ganz in deiner Nähe, ein See, ein Museum oder eine Kirche. Es kann auch ein anderes Land sein, eine andere Stadt. Achte dabei nicht nur auf das Ziel, sondern genieße schon den Weg dorthin. Spüre, welche enorme Kraft in dir steckt: Du kannst dich aufmachen und dich bewegen, du kannst dabei auf ein kompliziertes Geflecht menschlicher Technik und Organisation zurückgreifen. Du bist nicht festgewachsen wie ein Berg oder ein Baum. Du bist ein lebendiges Wesen mit einer bemerkenswerten Fähigkeit zum Planen und Reisen.

Frage dich vor und während deiner kleinen oder großen Reise: Was liegt mir? Was würde ich gerne machen? Was macht mir Spaß? Was fällt mir leicht? Was will ich verwirklichen? Irgendwann wird auch die Frage auftauchen: Mit wem möchte ich diesen Weg gemeinsam gehen?

Deine kleine oder große Reise war natürlich nur ein Symbol. Aber jedes Symbol wirkt bereits auf das, für das es steht. So, wie du gereist bist, möchtest du vermutlich auch deinen weiteren Lebensweg gestalten: Sicher oder abenteuerlich, in großen Dimensionen oder ganz bescheiden, bequem oder mit viel eigener Anstrengung.

WEG

Eine Urlaubs- oder gar Wochenendreise ist ein winziger Ausschnitt aus deinem großen Lebensweg. Du bist bereits ein gewaltiges Stück auf diesem Weg vorangekommen, und eine Strecke von unbekannter Länge liegt noch vor dir. »Weg« ist ein Symbol, das sehr kräftig in uns wirkt. Es lohnt sich, diese Kraft zu nutzen.

Nimm dir ein Stück Papier und zeichne deinen bisherigen Weg auf. Überlege nicht zu lange, zeichne die erste Idee, die dir in den Sinn kommt: Ging der Weg bergauf, eben oder bergab? War er steinig, gefährlich, oder breit und befestigt? Gab es viele Kurven? Gab es viel oder wenig Dunkelheit? Wie weit war der Weg? Bist du immer gegangen oder hast du Verkehrsmittel benutzt? Durch was für eine Art von Landschaft hat er dich geführt?

Male oder zeichne den Weg bis heute, mit allem Glück und allen Schrecklichkeiten, mit allen Gefahren und allen Festen, die dir dabei einfallen. Und dann überlege dir, wie dein Weg weitergehen soll. Natürlich kannst du dir nicht alles wünschen. Zum Glück läßt sich das Leben nicht hundertprozentig planen. Aber wenn du zurücksiehst auf die bisherige Strecke, wirst du ganz bestimmt eine Meinung dazu haben: An diesen Stellen hat es dir gefallen, an diesen Stellen nicht. Daraus kannst du lernen, wie es weitergehen soll.

Jetzt steht dein Weg immerhin auf dem Papier.
Nun ist es Zeit, ihn in die Wirklichkeit umzuset-
zen.

FRÜCHTE

Stell dir die gemeinsame Freundschaft oder Beziehung am besten vor wie zwei Körbe mit Früchten, in die jeder von beiden sein eigenes Leben
hineingelegt hat: Zwischen den schmackhaften
Äpfeln und Birnen, den leuchtenden Orangen
und den schimmernden Erdbeeren, die so
verlockend süß duften, liegen bestimmt auch ein
paar saure Trauben, oder einige harte Nüsse, für
den anderen nur schwer zu knacken. Vielleicht
entdeckst du im Korb des anderen ein paar ganz
fremdartige Früchte, die seltsam aussehen und
von denen du gar nicht weißt, ob du sie magst.
Nun kommt es darauf an, was die beiden gemeinsam aus diesem Angebot machen.
Manche picken sich nur ein paar süße Frücht-
chen heraus und haben nach dem Naschen
schon genug. Sie wollen im Grunde gar keine
Freundschaft aufbauen, weil sie die Mühen
scheuen, die damit verbunden sind.
Manche sehen am Anfang im Korb des anderen
nur wunderschöne Äpfel und später nur noch
faule Stellen oder saure Trauben. Anfangs haben

sie hochfliegende Vorstellungen von Freundschaft. Aber diese Vorstellungen sind überzogen und überfrachtet. Irgendwann schlagen sie ins Gegenteil um. Was vorher am anderen so wunderbar war, ist nun einfach unerträglich. Solche Menschen suchen nach einem Traumpartner, aber nicht nach einem Menschen aus Fleisch und Blut.

Manche jammern ständig darüber, daß ausgerechnet eine Frucht im Korb des Partners fehlt, ohne die der ganze Rest eigentlich wertlos sei. Wenn mein Partner nur ... wäre, dann könnte ich ihn lieben. Wenn meine Freundin nur nicht ... wäre, dann ginge es mir gut mit ihr. Freundschaft aber stellt keine Bedingungen. Im Gegenteil: Sie stellt sich den Bedingungen. Sie klammert nichts aus, sie entschwindet nicht in Träume, ja, sie hat eine gewisse Nüchternheit, die aus der Liebe kommt.

Liebe will immer alles. Das heißt für zwei Menschen auf dem Weg der Liebe, daß die Liebe alles will – auch die weniger schönen Früchte im Korb des anderen. Wahre Freundschaft und Liebe kommt einfach nicht eher ans Ziel.

Manche bringen zum Glück die Offenheit und Lust am gemeinsamen Experimentieren mit den Früchten und Gaben mit, die da als Möglichkeiten in den beiden Körben liegen. Sie zaubern mit Realitätssinn und Phantasie aus dem, was ist, einen für beide leckeren Obstsalat. Sie mischen ihn in einer gemeinsamen Schale. Der feine Ge-

schmack entsteht durch ein gewisses Maß an Säure. Die Mühe, die das Nüsseknacken beiden bereitete, wird mit dem herrlichen Aroma wettgemacht. Die fremden Früchte, an die man sich erst gar nicht heranwagte, verleihen nun dem gemeinsamen Werk eine überraschende und ganz eigene Exotik.

Selbst für den häßlichen Abfall, das Unverwertbare, die zerbrochenen Schalen haben sie noch eine gute Verwendung. Sie lassen sie nicht im Beziehungs-Haus herumliegen und vermodern, sondern tragen es gemeinsam ins Freie. Dort draußen auf dem Komposthaufen liegen nun die abgeschnittenen Stücke aus den mitgebrachten Körben. Die beiden warten in aller Ruhe ab, wie sich aus dem scheinbar Unnützen von gestern ganz allein neue Erde entwickelt, als gute Basis für eine neue Ernte im nächsten Jahr. Denn nach drei Jahren ist auch das Unbrauchbare zu gebrauchen, sagt ein japanisches Sprichwort.

HINGABE

Das Ziel unseres Lebens ist Hingabe. Als Zeichen der Liebe ist es auch unsere tiefste Sehnsucht, sich einem anderen ganz hinzugeben. Viele tun sich mit Hingabe trotzdem schwer. Irgendwann im Leben haben sie die Erfahrung gemacht, daß ihre Liebe nicht ans Ziel gelangen konnte. So halten sie sich das nächste Mal zurück. Und leiden darunter. Wo die Liebe nicht fließen kann, wächst der Schmerz.

Manche Menschen glauben, daß sich Hingabe planen läßt oder daß sie ein Recht darauf hätten. Aber das ist nicht so. Hingabe ist etwas, das dir widerfährt. Das einzige, was du dafür tun kannst, ist: vorbereitet zu sein. Bereit sein, wenn der entscheidende Moment da ist.

Die Gelegenheit dazu hat immer etwas Überraschendes. Bereit sein zur Hingabe heißt: Nimm die eigenen Wünsche nicht allzu ernst. Gib deinen Gefühlen und Werten nicht die höchste Wichtigkeit. Sei frei, dich von dem erfassen zu lassen, das größer ist als du. Laß dich auf den anderen ein, und das heißt auch: Laß etwas von dir ab. Laß etwas von dir los.

WAS DICH TRÄGT

Was passiert, wenn sich in dir das Gefühl der Dankbarkeit ausbreitet? Es ist ein tragendes Gefühl der Freude, aber einer Freude, die du nicht dir selbst, sondern einem anderen verdankst: einem anderen Menschen, der an dich denkt, der dich mit etwas Gutem bedacht hat. Du erfährst Freude als ein Geschenk, das dir von einem anderen gemacht wird. Sie macht dich größer und weiter, weil ein anderer dazugehört, um diese Freude zu empfinden. Sie lockt deine Gefühle hervor, sie lädt dich ein, sie auszukosten und auszudrücken. Dankbarkeit ist Freude, die nicht bei dir bleibt, sondern wieder zurückfließt zu ihrer Quelle. Dankbar sein können ist die phantastische Fähigkeit des Menschen, ein Gespür für die Fülle des Lebens zu haben. Wer aus vollem Herzen dankbar ist, fühlt sich reich.

Dankbarkeit ist also ein Geschenk der Freundschaft. Gleichzeitig ist sie aber auch ihr Fundament. Wer nicht dankbar sein kann, tut sich schwer, eine Freundschaft zu pflegen. Gegenseitige Freude aneinander und Dankbarkeit füreinander halten eine Freundschaft zusammen und tragen eine Beziehung auch durch schwierige Zeiten hindurch.

Gegenseitige Dankbarkeit ist das Erkennungszeichen einer ausgewogenen und guten Beziehung. In der gegenseitigen Dankbarkeit erleben Freunde, daß ein Gleichgewicht zwischen beiden Partnern besteht. Beide stehen auf einer Ebene. Keiner ist dem anderen unter- oder überlegen. Mag der eine auch auf einem Gebiet mehr zu geben haben als der andere – es gleicht sich stets durch eine Gabe wieder aus, die nur der andere in die Beziehung einbringen kann. Dankbarkeit ist die Brücke, mit der wir über den Fluß der Unterschiede gelangen, ohne von Neid oder Scham geplagt zu sein. Dankbarkeit löscht die Unterschiede zwischen Partnern nicht aus. Aber sie sieht in ihnen die größtmögliche Chance, an der Fülle des Lebens teilzuhaben.

HEITERKEIT

Dankbarkeit macht fröhlich. Wer weiß, daß er die besten Dinge nicht sich selber verdankt, der kann frei sein von sich selbst – und über sich selbst auch einmal herzhaft lachen.

Eine erfüllte Freundschaft zwischen zwei Wesen ist eine so wunderbare Sache, daß sie sogar zur Metapher wurde für die geheimnisvolle Beziehung, die zwischen Mensch und Gott möglich ist. Der spanische Dichter und Mystiker Ramon Llull (1232-1316) schrieb sogar ein eigenes »Buch vom Freunde und vom Geliebten«. Der Dichter ist »der Freund«, von Gott ist niemals anders als vom »Geliebten« die Rede. Im Arabischen bedeutet das Wort für Freund, »wali«, zugleich auch »Heiliger«. Es bezeichnet jemand, der unter einem speziellen Schutz steht. Unter dem Schutz des Geliebten (hier also Gott), lernt der Freund, die Liebe zu lieben. Er lernt, sie sich schenken zu lassen und sie selbst zu verschenken. Ramon Llull hat wunderbare Bilder und Worte gefunden, um anderen Menschen etwas von der Tiefe einer solchen Beziehung zu vermitteln:

Ganz allein war der Freund
im Schatten eines schönen Baumes.
Da kamen Leute vorbei und fragten,
warum er allein sei.
Und der Freund gab zur Antwort: Einsam
wurde er erst, als er sie sah und hörte.
Zuvor war er beisammen mit seinem Geliebten.

ZUKUNFT

Alles Neue beginnt mit einer Sehnsucht. Wenn du begonnen hast, zu träumen und Pläne zu machen, dann bedeutet das: Du beginnst, dich der Zukunft zuzuwenden.

Du weißt, daß du ihr mutig entgegensehen kannst. Du weißt, wonach du dich wirklich sehnst. Du weißt, was du erwarten darfst. Du hast das Alleinsein gelernt, um bereit zu sein für die Freundschaft. Du hast deine kleinen kindlichen Bedürfnisse und egoistischen Wünsche durchlitten, damit du mit der klaren Nüchternheit eines Erwachsenen ganz für den anderen da sein kannst. Du hast den Schmerz erfahren und ausgehalten, um stark zu werden für die Hingabe, nach der sich dein Herz und deine Seele so sehr sehnen.

Deine Sehnsucht ist ein Wegweiser für unentdeckte Bereiche, die du in dir hast. Bereiche, in die du nicht alleine vordringen kannst, sondern nur mit einem anderen gemeinsam. Deine Sehnsucht lädt dich ein, die tiefsten inneren Schätze zu heben. Dann wirst du dich reich fühlen, reicher als der reichste Mensch. Auch andere werden sich bereichert fühlen in der Gegenwart eines solchen Menschen. Du hast gelernt, dein Inneres und deine Seele behutsam und liebevoll zu behandeln. Doch gleichzeitig wirst du nicht lockerlassen und auf dem Weg bleiben.

FLÜGEL

Freundschaft ist eine kostbare Gabe. Sie ist die Antwort auf unsere Nöte. Sie macht satt und erfüllt. Sie schenkt Flügel und erdet zugleich. Sie spricht auch im Schweigen und sie hört mit dem Herzen zu. Ihre ständige Begleiterin ist die wahre Freude, denn selbst in Kummer und Leid ist ein wirklicher Freund unserem Herzen nah. Freundschaft macht nicht halt vor Fremdem.

Im Gegenteil, sie überwindet alle Grenzen: Sie verbindet Menschen verschiedenen Alters, verschiedener Hautfarbe, verschiedenen Geschlechts. Aber Freundschaft verschlingt nicht.

Sie schenkt Einheit, weil sie das Andere achtet. Weil sie Abstand aushält und keine falsche Nähe sucht.

Wir haben Freundschaft nur, wenn wir sie verschenken. Sie bereichert uns, wenn wir ihr dienen. Wir sind arm, wenn sie fehlt. Ihr Ziel ist nicht die dauernde Nähe, denn sie kann Abstand halten und warten. Das Ziel der Freundschaft ist Vertiefung. Sie lädt zwei Menschen ein, aus dem eigenen Brunnen zu schöpfen. Sie schenkt Kraft, um den gemeinsamen Reichtum zu heben und einander mitzuteilen.

Freunde sein heißt, einander von Herzen zu erfrischen und zu erfreuen – so, wie zwei Sterne einander erkennen und erfreuen im gegenseiti-

gen Licht. Freundschaft ist im tiefsten Sinne eine Gabe, die das gesamte Universum durchdringt. Und das Wunder ist, daß es sie überhaupt gibt. Durch Menschen wie dich.